Émile Michel

Les Paysagistes et l'étude d'après nature

Critique

Émile Michel

Les Paysagistes et l'étude d'après nature

Critique

Table de Matières

Introduction

L'idée de représenter les paysages qui servent de cadre à son existence ne devait que tardivement venir à l'homme. Jeté nu sur la terre, entouré de dangers de toute sorte, il avait à pourvoir à trop de nécessités pour songer à regarder la nature. De bonne heure, cependant, avec cet instinct d'imitation qui lui est propre, il s'était appliqué à tracer sur des silex et des ossements polis, ou sur les parois des cavernes où il s'abritait, les silhouettes des grands animaux qui lui fournissaient ses vêtements, ses armes, sa nourriture, et il était parvenu à reproduira avec une vérité et une correction surprenantes la diversité de leurs formes et leurs allures.

La nature inanimée ne semble pas avoir au même degré attiré l'attention de ces artistes primitifs. De nos jours encore, l'étonnement des campagnards à voir un paysagiste n'épargner ni son temps, ni sa peine pour dessiner ou peindre un motif pittoresque qui l'a séduit, montre bien que cet emploi de son activité déroute tout à fait les façons de vivre et de penser d'un être peu cultivé. Parfois même, après avoir longuement regardé l'étude de l'artiste, le paysan hésite à comprendre quel est l'objet de son occupation. Je tiens de Louis Français lui-même, qu'un jour où il peignait d'après nature, un de ces naïfs spectateurs lui demanda timidement si ce qu'il faisait « c'était le portrait de l'Empereur ! » Mais qu'ils devinent ou qu'ils soupçonnent vaguement à quel travail se livre le paysagiste, les paysans considèrent ce travail comme absolument inutile. Ils ne sauraient imaginer qu'un tel ouvrage sera peut-être acheté un gros prix et qu'un coin de d'une stérile, peint par Ruisdaël, sous le ciel gris, puisse se vendre dix fois, cent fois plus cher que de beaux sillons de blé étalant au soleil leur moisson dorée. Ils admirent la patience, le soin que l'artiste met à une tâche dont ils renoncent à comprendre l'intérêt. Si, de hasard, ils apprenaient qu'une part quelconque des revenus de l'État, c'est-à-dire des contributions qui leur sont imposées, pût être employée à de pareilles superfluités, ils n'auraient pas assez de colère pour condamner de telles dépenses, alors que leur vie est si étroite et l'argent qu'ils donnent au fisc si dur à gagner.

Mais ce n'est pas le paysan seul qui a peine à concevoir qu'un homme sensé et bien portant emploie son intelligence et son temps à des besognes dont il ne peut comprendre le but. Quand on entend Pascal s'écrier : « Quelle vanité que la peinture qui attire l'admiration par la ressemblance des choses dont on n'admire pas les originaux ! » quand on sait qu'un des plus grands maîtres, Michel-Ange lui-même, a parlé avec le plus profond mépris de l'école flamande, qui « se contente de peindre des masures, des champs très verts ombragés d'arbres, des rivières et des ponts, ce qu'on appelle des *Paysages*, avec beaucoup de figures par-ci, par-là, quoique cela fasse un bon effet à certains yeux, en vérité, il n'y a là ni raison, ni art ; point de proportions, point de symétrie, nul soin dans le choix, nulle grandeur ! » on reste frappé de la diversité des impressions que cause aux esprits, même les plus ouverts, la représentation pittoresque de la nature. A ce titre, l'histoire de la peinture de paysage et de ses procédés d'étude nous donnera peut-être quelque lumière sur les sentiments qui ont amené son apparition et nous apprendra du moins suivant quelles conditions elle s'est développée dans les divers milieux où ce genre a jeté quelque éclat. En constatant la vogue qui la depuis longtemps accueillie et dont elle jouit encore aujourd'hui, nous essaierons d'en indiquer les causes et de montrer aussi quelles pures jouissances l'étude de la nature procure aux paysagistes. De cette histoire, en tout cas, ressortent quelques considérations d'un ordre général que nous tâcherons de dégager.

Section I

Il est permis de dire que l'antiquité n'a point pratiqué l'art du paysage et que c'est là un genre tout moderne. Aux prises avec la nature et incapable de comprendre les lois qui la régissent, l'homme primitif a été porté d'instinct à personnifier les forces qu'elle lui oppose ou les facilités de vivre qu'elle lui procure, en autant de divinités bienfaisantes ou terribles dont il doit par ses prières mériter la faveur ou détourner la colère. Comme le paysan de nos jours, ce qu'Homère apprécie surtout dans la nature ce sont les avantages matériels qu'elle peut offrir à notre existence : la richesse d'une terre féconde, le calme d'une mer clémente aux navigateurs, la chaleur fertilisante du soleil père des moissons, la fraîcheur des cours d'eau répandant partout l'humidité nécessaire aux plantes. De bonne heure, dans la religion comme dans l'art, le génie grec incline vers cet anthropomorphisme qui tend à incarner la nature dans l'homme. Il ne s'avise pas que cette nature a ses beautés propres, qui seront plus tard admirées pour elles-mêmes ; il pense moins encore à les représenter.

Si, durant la période alexandrine et dans l'art romain, la nature commence à apparaître, ce n'est que timidement, d'une manière purement décorative. Elle ne doit jamais distraire de l'être humain, ni absorber l'attention. Le christianisme naissant, quand il emprunte à l'antiquité païenne les détails pittoresques destinés à l'ornementation de ses autels ou de ses cimetières, vise surtout à leur donner une signification symbolique appropriée à ses croyances et à ses mystères. C'est en dehors de toute imitation directe et d'une façon conventionnelle qu'est faite cette utilisation. La figuration de ces détails devient même si rudimentaire que ceux qui s'appliquent à les reproduire croient prudent de placer, à côté de leur représentation, les noms des objets dont ils ont voulu tracer l'image. Dans la mosaïque du *Baptême du Christ*, au baptistère des orthodoxes à Ravenne, le cours d'eau où plonge le Christ est indiqué à la fois par des stries parallèles, simulant les flots, par une divinité fluviale appuyée sur son urne et par le nom du Jourdain inscrit au-dessus de sa tête.

A la suite des bouleversements profonds qui amenèrent une société nouvelle, il semble que l'art lui-même dût sombrer, et la rudesse, la gaucherie de ses productions sont telles qu'on a peine à y distinguer si c'est l'art ancien qui achève de mourir, ou l'enfance d'un art nouveau qui s'essaie à ses premiers bégaiements. L'Eglise elle-même, hésitante entre les courants divers qui se partageaient ses aspirations, contribuait à prolonger cette barbarie et quand, après des luttes violentes, les farouches partisans d'un culte sans images avaient été vaincus, une réglementation strictement hiératique dans la représentation des sujets sacrés continuait longtemps encore à peser sur les artistes, jusqu'à ce qu'enfin un esprit plus large et plus libre remplaçât ce formalisme trop rigoureux.

Peu à peu, la nature n'est plus considérée comme une ennemie ; elle se révèle aux pieux ermites réfugiés au fond des Thébaïdes pour y chercher la paix intérieure. Dans les solitudes qui l'attirent, l'âme ardente et tendre d'un saint François s'ouvre à ses beautés ; il aime les plantes, les bois, les fontaines, le ciel et la lumière du jour ; il découvre dans les plus humbles créatures la puissance et la bonté infinies de leur créateur ; il les célèbre en des apostrophes émues, avec un enthousiasme poétique que le monde n'avait pas encore connu.

Il appartenait à notre architecture religieuse de donner sa pleine et magnifique expression à ce mouvement des idées. Dans la construction des cathédrales qui de toutes parts s'élèvent sur notre sol au moyen âge, c'est à la végétation locale, — ainsi que l'avaient déjà fait les Egyptiens et les Grecs, — que nos architectes empruntent la décoration des chapiteaux des colonnes de ces monuments ou des frises qui se déploient le long de leurs parois. Bientôt après, sur les marges des manuscrits que nos enlumineurs ornent de miniatures, s'épanouissent les fleurs de nos champs et de nos bois. En les recueillant, au cours des saisons, en s'appliquant avec une délicatesse respectueuse à rendre leur grâce et leur fraîcheur, ces artistes anonymes comprennent leur beauté, celle même des lieux où elles sont écloses. Aux fonds dorés et gaufrés, sur lesquels se détachaient uniformément les épisodes des textes sacrés, succèdent peu à peu des paysages candides, représentant les horizons familiers de nos campagnes, la diversité de nos cultures, la douceur avenante de nos ciels. Grâce aux ressources que la technique de la peinture à l'huile met à sa disposition, cette intervention de la nature est désormais complète ; elle tire de l'universalité des éléments qu'elle embrasse un intérêt puissant et trouve dans l'art des van Eyck sa plus éloquente expression. Dans le domaine infini qu'ils ont conquis, toutes les voies sont ouvertes, toutes les directions indiquées par la maîtrise souveraine de leur génie.

Ce fut là un moment de féconde expansion pour la peinture. Il ne devait pas durer et, dans le morcellement en genres spéciaux que celle-ci allait subir, il ne fut donné qu'à quelques maîtres supérieurs de réaliser de nouveau le programme complet de cette époque privilégiée. Tout en excellant dans plusieurs parties de leur art, il n'en est guère, en effet, qui l'aient pratiqué dans son intégralité. Nous avons dit avec quel dédain Michel-Ange parle du paysage. Tout entier à l'étude et à l'austère représentation de la personne humaine, il isole celle-ci de la nature et n'envisage guère la peinture que d'un point de vue un peu sculptural. A des degrés divers, d'autres artistes, et non des moindres, pratiquent pareille exclusion. Même au siècle dernier, Ingres, reprenant les traditions de l'art grec, répudie tout élément pittoresque et vous chercheriez en vain dans son œuvre un arbre ou un buisson. D'ordinaire les sujets qu'il traite sont placés dans des intérieurs clos. Le rocher auquel est enchaînée Andromède est tout à fait dépourvu de réalité et si, comme on l'a dit, « une âme végétale vit et respire » dans la gracieuse figure de la *Source* ; si les formes onduleuses et en quelque sorte fluides de son corps juvénile répondent bien au caractère allégorique de cette figure, il est permis de remarquer que les plantes qui croissent à côté d'elle et les fleurs grêles et raides qu'arrose le mince filet d'eau qui s'écoule pauvrement de son urne renversée semblent rapportées ici pour la circonstance. On sent l'artifice un peu enfantin et la gaucherie de ces accessoires qui n'évoquent en rien l'idée de la nature.

A travers les âges, il est vrai, et dans les différentes écoles, la lignée des grands artistes, universels par leurs aspirations comme par leurs aptitudes, s'est continuée, et les noms de Léonard de Vinci, de Raphaël, de Corrège, ceux de G. Bellini et surtout de ses illustres élèves Giorgione et Titien, ceux d'Albert Durer, de Rubens, de Poussin, de Rembrandt, de Velazquez, et, en face d'Ingres, celui d'Eugène Delacroix, attestent suffisamment quel charme vivant et expressif l'intervention de la nature pittoresque ajoute à leurs œuvres. Encore, chez plusieurs de ces maîtres eux-mêmes, pourrait-on relever quelque trace de leurs hésitations et de leur réserve à cet égard. Personne n'a consulté la nature avec plus de curiosité et d'amour que Léonard, et cependant elle n'apparaît guère que par ses étrangetés dans les tableaux de l'artiste. Si les admirables dessins exécutés d'après nature dans la campagne par Durer sont d'une sincérité absolue et d'un sens tout moderne, à peine peut-on en soupçonner quelques vagues réminiscences dans ses gravures et moins encore dans ses tableaux. Rubens s'est toujours ressenti de son éducation classique et de son commerce prolongé avec les maîtres italiens ; ce n'est qu'à la suite de l'acquisition du domaine de Steen et de ses séjours prolongés à la campagne, qu'il commença à s'intéresser aux travaux des champs, aux aspects variés des heures et des saisons, et à comprendre qu'il y avait pour lui dans de tels spectacles l'occasion de renouveler et d'étendre son talent, d'en manifester la merveilleuse fécondité, bien plus que dans les imaginations fantaisistes auxquelles il s'était complu jusque-là. De même, Rembrandt, si original et si personnel, dès ses débuts, dans ses portraits et ses compositions, ne s'affranchit que très tardivement de l'influence des *italianisans* dans ses interprétations de la nature pittoresque. C'est seulement en pleine maturité qu'il s'avise de regarder le pays où il vit et qu'il n'a jamais quitté, d'en copier alors avec une entière sincérité les plus humbles motifs et, à force de vérité, d'en dégager le caractère et la poésie. De là un contraste et comme un antagonisme saisissants entre l'exactitude absolue de ses dessins et de ses eaux-fortes exécutés en face de la nature, et l'aspect conventionnel de la plupart de ses paysages peints. Et cependant, à ce moment, l'école du paysage *intime* est déjà fondée et c'est en Hollande même, à côté de lui et par ses amis, que s'est opérée cette transformation profonde d'où dérive notre façon moderne de comprendre et d'interpréter la nature.

Ce n'est que progressivement d'ailleurs et après des tentatives réitérées que les artistes du Nord devaient parvenir à cette compréhension du paysage, en restreignant de plus en plus la place que l'homme y occupe. Pendant longtemps en Flandre, les peintres se refusent à admettre que la nature seule puisse suffire à l'intérêt de leurs œuvres et ils accumulent à l'envi dans leurs tableaux les accidents pittoresques les plus étranges, réunis sans plus de goût que de vraisemblance. Chez Patinir et chez Henri de Bles, considérés bien à tort comme les inventeurs du paysage pur, ce ne sont que rochers aux formes fantastiques, percés de cavernes mystérieuses, entassements de montagnes enchevêtrées, fleuves aux sinuosités compliquées, châteaux et villes échelonnés sur leurs rives, dans des panoramas géographiques dont la bizarrerie et l'incohérence nous choquent aujourd'hui. Bien loin de piquer notre curiosité, cette excessive profusion n'aboutit, en somme, qu'à la monotonie.

De même, après avoir semé, comme au hasard, dans leurs œuvres les colorations les plus diaprées de la nature, les paysagistes, à un moment donné, sentent la nécessité de mieux régler ces colorations et de les subordonner à l'harmonie générale. C'est en vue de cette harmonie qu'ils en viennent à adopter une répartition systématique de tonalités disposées suivant trois zones consécutives : le brun des premiers plans ; au-dessus les verdures variées des arbres ; et à l'horizon, le bleu velouté des lointains. Fondée sur une observation de la nature, juste en elle-même et assez conforme aux lois de la perspective aérienne, mais généralisée outre mesure, cette répartition se remarque, vers la fin du XVIe siècle, chez un grand nombre de paysagistes, tels que Gillis van Coninxloo, Josse de Momper, Lucas van Valckenburgh, A. Gowaerts, van Uden et même Jan Brueghel, et elle donne à leurs œuvres un caractère fâcheux d'uniformité.

De tels exemples, — et nous pourrions les multiplier ici, — nous montrent combien certains courants de mode ou de partis pris systématiques abondent dans l'histoire de l'art, et comment l'imitation des procédés en vogue se substitue trop souvent à l'étude sincère de la nature, sans laquelle l'artiste tombe inévitablement dans les banalités de la routine et des redites.

Section II

Avec l'avènement du paysage intime, l'étude de la nature allait prendre une importance croissante. Pour donner à ses œuvres toute leur force expressive, l'artiste sentait la nécessité de pénétrer plus avant dans la connaissance des éléments pittoresques qui entrent dans la composition de son œuvre et de mettre entre eux l'accord et la cohésion d'où elle tire son caractère. La diversité de la nature est infinie et parmi la profusion de détails qu'elle offre au peintre, c'est à lui de choisir les plus significatifs. Une telle étude est singulièrement complexe ; elle exige une méthode et des procédés dont la pratique, d'abord assez grossière, devait peu à peu se perfectionner. Pendant longtemps, chacun marche, à l'aventure, suivant ses goûts, ses aptitudes et ses moyens particuliers d'observation et de travail. Un carnet de poche suffit à Poussin pour tracer sommairement dans la campagne une esquisse rapide des motifs qui lui plaisent. Le plus souvent, c'est à la plume et à gros traits qu'il en établit les grandes lignes ; les principales valeurs sont indiquées par des teintes de lavis, avec une franchise qui confine à la rudesse. Dans la hâte et la brusque concision du travail, on retrouve quelque chose de cette verve endiablée, *furia di diavolo*, qu'on remarque dans les productions de sa jeunesse et qu'il a peu à peu perdue dans ses tableaux. Ces dessins sont faits pour lui-même, sans aucune préoccupation de belle apparence, ni de virtuosité ; ils n'ont d'autre but que de le renseigner, de fixer exactement ses souvenirs. Tels qu'ils sont, ils lui suffisent ; poussés plus loin, peut-être gêneraient-ils sa liberté. Mais, au cours de ses promenades, le maître a besoin d'être seul pour vivre avec sa pensée, pour la mûrir, pour chercher autour de lui tout ce qui peut en rendre l'expression plus claire et plus forte. « Il faut avant tout, disait-il, que le dessin soit conforme à la nature des sujets. » Ses facultés d'observation s'exercent dans ce sens et son amour de la nature, toujours plus profond avec les années, lui inspire des naïvetés touchantes. Un Français établi à Rome et qui l'a connu dans sa vieillesse, nous le montre errant parmi les ruines et « rapportant dans son mouchoir des cailloux, de la mousse, des fleurs et d'autres choses semblables qu'il voulait peindre exactement. »

Vers ce même temps, Claude Lorrain demandait à la nature des consultations plus suivies et plus précises. A ses débuts, il s'était contenté de dessiner dans la campagne avec toute la conscience dont il était capable, se servant de la plume ou du crayon pour tracer son esquisse, il marquait ensuite les valeurs relatives des principales masses par des teintes légères d'encre de Chine ou de bistre. Quant aux colorations, il préparait sur place les tons de sa palette afin de s'en servir en rentrant à l'atelier, alors que son souvenir avait encore sa netteté. C'était là un procédé long et difficile auquel il s'était appliqué, jusqu'à ce qu'un beau jour, rencontrant l'Allemand Sandrart qui peignait parmi les rochers et les cascades de Tivoli, il lui empruntât sa méthode qu'il jugeait plus expéditive et plus sûre. A son exemple, il s'était donc mis à exécuter ses études entièrement d'après nature, sur du papier préparé ou sur des toiles de petites dimensions. Il commençait par faire avec soin son esquisse et la peignait ensuite méthodiquement, en procédant de l'ensemble aux détails. Assidu à sa tâche, il y consacrait des journées entières, attentif surtout aux mouvements et aux colorations des nuages, à la dégradation des ombres et des lumières dans la campagne. Ces études ne nous ont malheureusement pas été conservées. Pas plus que Poussin, d'ailleurs, Claude ne les a converties en tableaux, et cependant, à raison du charme de quelques-uns des motifs qu'il a dessinés d'après nature, il est permis de le regretter, car c'eût été là pour nous, un côté nouveau de son talent. D'habitude, en effet, il cherche surtout dans la composition de ses tableaux à étendre les horizons, à multiplier les plans, à définir chacun d'eux avec cette merveilleuse entente de la perspective aérienne qu'aucun maître n'a possédée à ce degré.

Plus encore que Claude et que Poussin, le beau-frère de ce dernier, Gaspard Dughert (le *Guaspre*), aimait à peindre d'après nature et il s'était préoccupé de pourvoir avec plus de commodité à l'installation spéciale qu'exigeait ce travail. Mariette nous apprend qu'il partait en expédition « avec un petit âne, son seul domestique, qui lui servait à porter son attirail de peinture, des provisions et une tente pour pouvoir travailler à l'ombre et à l'abri du vent. » Aussi avait-il amassé une grande quantité d'études qu'il s'ingéniait à introduire dans ses tableaux. Du reste, chasseur intrépide et très adroit, il trouvait, dans le gibier qu'il abattait sur son passage, de quoi fournir à sa subsistance.

Chez ces divers artistes, le paysage demeurait surtout décoratif et subordonné à l'expression des divers épisodes, sacrés ou profanes, auxquels il servait de cadre et de commentaire. En Hollande, au contraire, la nature pittoresque allait être étudiée pour elle-même. Quand ils ne disparaissent pas complètement des œuvres de ses peintres, les personnages n'y jouent plus qu'un rôle tout à fait accessoire. C'est dans les humbles motifs qu'ils ont sous les yeux que les paysagistes cherchent et trouvent leurs inspirations ; mais ce pauvre pays, conquis sur la mer et arraché à l'Espagnol, leur est deux fois cher. Sans chercher à le parer de grâces étrangères, ils s'attachent à le représenter tel qu'il est, à lui conserver fidèlement son caractère. A force de conscience et d'amour, de cette pauvreté même du *Pays des Gueux*, ils tirent une poétique nouvelle qu'ils imposent par leur talent à notre admiration. Désireux de nous en montrer des aspects véridiques, van Goyen, un des premiers, sent le besoin de vivre dans un commerce plus étroit avec la nature. Attiré par le spectacle des immenses étendues d'eau qui couvrent la Hollande, il s'arrange avec des mariniers pour partager leur misérable existence et sur un album de voyage, qui nous a été conservé, on peut relever les étapes des traversées qu'il fait avec eux, dessinant au passage les estacades branlantes où ils abordent, les barques qu'ils rencontrent, les rives basses entre lesquelles ils naviguent et d'où çà et là un bouquet d'arbres, un modeste clocher émergent au-dessus des Ilots limoneux. Ces croquis, exécutés le plus souvent à la pierre noire, sont enlevés avec autant de sûreté que de prestesse. Si rapides qu'ils soient, ils suffiront à l'artiste pour en tirer les sujets de ses tableaux, véritables camaïeux au bistre, dont la monochromie est à peine relevée par quelque touche d'un azur pâle dans le ciel, le rouge amorti d'un vêtement et la verdure olivâtre des végétations.

Ces motifs favoris de van Goyen ne reproduisaient, du reste, qu'un des aspects de sa patrie ; Jacob Ruisdaël, allait prendre possession de la Hollande tout entière. Dans les admirables dessins du maître, les formes et les valeurs relatives sont indiquées avec la plus scrupuleuse exactitude. La campagne des environs de Harlem y apparaît avec ses beautés pittoresques, ses plages, sa mer, ses bois, ses dunes mélancoliques, ses ciels mouvementés. En face de cette nature abandonnée à elle-même, le grand artiste s'applique de son mieux à mériter ses confidences, à les exprimer avec une respectueuse sincérité. Les moments qu'il consacre à ces études font seuls diversion aux rigueurs de sa destinée, car il a dû, toute sa vie, payer par sa misère la rançon de son génie. La fidélité des images qu'il nous a laissées est si complète que partout on retrouve sa trace dans ce pays qu'il a tant aimé et les places mêmes où il s'est assis. Mais si dans les lignes le portrait est d'une ressemblance absolue, il faut reconnaître que les colorations en sont tout à fait conventionnelles et prouvent avec une entière évidence qu'elles n'ont pas été copiées d'après la nature elle-même. Tout au plus Ruisdaël s'est-il borné, — et il ne l'a fait que très rarement, — à ajouter dans plusieurs de ces dessins quelques rehauts d'aquarelle. Vous ne rencontrerez jamais dans ses tableaux les verts éclatants des arbres et surtout des prairies de la Hollande ; partout il leur a substitué les tonalités brunes ou dorées de l'automne, et la plupart des paysagistes hollandais ont fait comme lui. Seuls Paul Potter et Adrien van de Velde ont timidement essayé de reproduire les fraîches verdures du printemps et de l'été, probablement d'après des études peintes par eux d'après nature. Celles de Potter sont remarquables par la précision minutieuse avec laquelle il copiait les moindres détails de la végétation, les nervures des plantes, les écorces des différentes essences d'arbres. Aussi, tout en variant les arrangements qu'il en a faits, les a-t-il souvent utilisées et identiquement reproduites dans maintes de ses œuvres. De même, Albert Cuyp a vécu pendant toute sa vie sur un petit nombre d'études facilement reconnaissables ; les tussilages et les ronces qui garnissent les premiers plans de ses pâturages y sont partout traités d'une façon uniforme et très expéditive.

Ce n'est pas avec des visées pittoresques, mais bien pour remplir les devoirs officiels de leur charge que les deux Willem van de Velde, le père et le frère d'Adrien, exécutaient d'après nature les nombreux dessins, — le musée de Rotterdam en possède plus de 600, — qu'ils devaient fournir à l'amirauté, et l'on sait que celle-ci, pour faciliter la tâche de Willem II, mettait à sa disposition un petit bâtiment que l'on voit figurer parmi ces dessins, avec l'inscription : « *myn galliot* » (ma galiote). Un peu plus tard, un autre peintre, moins en vue, Jean Griffier d'Amsterdam, avait rêvé de se donner lui-même pareilles facilités d'étude. Après une jeunesse assez aventureuse, ayant amassé quelque argent en Angleterre, il y avait acheté pour 3 000 florins un yacht de plaisance qu'il disposait en atelier, et sur lequel il avait réuni une collection de tableaux qu'il comptait vendre en Hollande. Mais assailli par une tempête, il faisait naufrage et perdait tout ce qu'il possédait, sauf une petite somme que sa fille portait sur elle dans sa ceinture. Ce désastre ne l'ayant pas guéri de son humeur nomade, il trouvait de nouveau à acquérir à Rotterdam un vieux bateau pour aller le long des côtes, de ville en ville, à Hoorn, Enkhuizen, Staveren, etc., séjournant devant chacune d'elles autant qu'il était nécessaire pour y peindre les études qui lui plaisaient, jusqu'à ce qu'à la suite d'an nouvel accident, il restât engravé sur un banc de sable en vue de Dordrecht. Ainsi que le remarque Houbraken, « il aimait, comme la tortue, à porter sa maison avec lui ; » mais il ne devait pas tirer grand profit, pour son art, de ces diverses tentatives, car il ne fut toute sa vie qu'un peintre très médiocre.

On le voit, si consciencieuses qu'elles aient été, les études faites d'après nature par les maîtres hollandais devaient rester fort incomplètes. Elles embrassaient, du moins, tous les aspects de leur pays, et formaient à la longue, dans la représentation du paysage, plusieurs genres distincts pratiqués par des spécialistes : les paysagistes purs, les peintres de marine, d'architecture, d'animaux, etc. Sans parler des italianisants, plusieurs de ces artistes, désireux de se frayer des voies nouvelles, ou amenés par les circonstances de leur vie à s'expatrier, comme Everdingen en Norvège, Roghman dans le Tyrol, rapportaient de ces pays des impressions qu'ils traduisaient avec plus ou moins de fidélité ; quelques-uns même, comme Frans Post, poussaient jusqu'au Brésil.

Reprenant, à leur tour, les traditions du paysage intime, les Anglais ne devaient d'abord entrevoir la nature qu'à travers les œuvres des Flamands ou des Hollandais réunies dans leurs collections. Turner, à ses débuts, imite ces derniers, avant de subir l'influence de Claude Lorrain, un peu atténuée chez lui par les études assez sommaires qu'il fait d'après nature, le plus souvent à l'aquarelle qui, très habilement pratiquée, lui fournit un moyen de notation aussi expéditif que commode. Il appartenait à Constable d'inaugurer et de renouveler, en les complétant, tous ces procédés d'information. Ses études peintes d'après nature embrassent toutes les parties de son art, et jusqu'à la fin de sa vie, il les poursuit avec une ardeur et une conscience extrêmes. De bonne heure, il s'était appliqué à, reproduire les divers aspects du ciel, de manière à se rendre un compte exact des conditions de rythme et de lumière qui régissent la forme des nuages, leur groupement et leur éclairage. Pour lui, le ciel est un des éléments essentiels de la composition, « la clef, l'échelle et le principal organe de l'impression d'ensemble d'un paysage… aussi sa peinture est une difficulté qui passe tout le reste. » En une seule année (1822), « il a peint avec soin une cinquantaine de ces études de ciel, dans des dimensions assez grandes pour pouvoir les terminer suffisamment. » Mais, épris comme il l'est de toutes les beautés de la campagne, dans son cher pays d'East Bergholt, tout l'intéresse ; il en admire les eaux, les buissons et les moindres fleurs, avec l'ingénuité d'un enfant. Il professe pour les vieux arbres un véritable culte ; il les connaît tous, il parle d'eux avec tendresse, il déplore leur perte comme celle d'êtres auxquels il est profondément attaché. Dans la vénération qu'ils lui inspirent, il voudrait en reproduire les formes comme les couleurs, avec la plus scrupuleuse exactitude. Pour la première fois depuis les primitifs, on voit chez lui réapparaître la diversité et la fraîcheur de ces verdures que les Hollandais avaient répudiées. Elles l'attirent, au contraire, et il recherche les lieux où les prairies et les plantes ont le plus de vivacité et d'éclat : les berges des ruisseaux, les abords des écluses et des moulins. Il s'oublie dans de longues séances de travail solitaire, et, transporté par le charme souverain du printemps, il découvre partout présents « l'esprit et la main de Dieu. » Son admiration s'exhale en invocations et en prières, et comme il l'écrit à sa femme : « Il semble que tout fleurit et s'épanouit dans la campagne ! A chaque pas, de quelque côté que je regarde, je crois entendre murmurer près de moi ces paroles sublimes de l'Écriture : Je suis la Résurrection et la Vie ! »

Section III

Presque en même temps que Constable et avec une sincérité pareille, notre école moderne de paysage trouvait sa voie dans une étude assidue de la nature. Même en pleine période académique, cette étude n'avait jamais été entièrement délaissée. Les croquis rapides faits par Watteau dans la campagne, aussi bien que les fonds de ses scènes galantes, attestent chez lui, à la fois une imagination très fantaisiste et une observation pénétrante de la nature. Après lui, Oudry, échappant quand il le peut aux devoirs de ses charges officielles, trouve de temps à autre le loisir de faire dans les jardins des environs de Paris, à Arcueil, à Meudon, à Saint-Germain, des dessins aussi remarquables par leur exactitude que par leur élégante facilité. En regard des trop nombreuses compositions dans lesquelles Joseph Vernet cède à la sentimentalité déclamatoire en vogue à cette époque, des peintures comme le *Château Saint-Ange* et le *Ponte Rotto*, du Louvre, semblent déjà présager Corot, et dans les tableaux peut-être un peu trop vantés de Georges Michel, — qui ne sont, à vrai dire, que des études peintes dans les terrains vagues de Montmartre, — un sentiment original de la nature s'allie à des réminiscences formelles des maîtres hollandais.

Un artiste français mort avant d'avoir donné sa mesure, Xavier Le Prince, montre, avec le libre choix de ses motifs, une habileté consommée dans sa façon de traiter le paysage ainsi que les nombreuses figures et les animaux dont il étoffe tour à tour les quais d'embarquement d'Honfleur ou les cimes neigeuses des Alpes. Comme lui, un jeune Anglais fixé en France, Richard Parkes Bonington et Paul Huet, son ami, ne demandent qu'à la nature leurs enseignements et emploient les moyens les plus divers pour la consulter. Attirés tous deux par la Normandie, ils retracent fidèlement les aspects de ses grasses prairies, de ses plages et de ses ports. Mais Bonington trouve aussi dans le nord de l'Italie et à Paris même des sujets d'étude. Delacroix, qui aimait ce grand jeune homme, enlevé prématurément à son art, nous apprend que, le premier, il avait eu l'idée de s'installer dans un fiacre pour peindre à son aise, et sans avoir à craindre l'indiscrétion des passants, les aspects de nos rues et de nos places qui lui semblaient les plus pittoresques.

A ce moment la glorieuse floraison du paysage moderne allait bientôt atteindre chez nous son complet épanouissement avec Corot et Rousseau. On ne l'a pas assez remarqué, d'ailleurs, ces deux maîtres, qui devaient en être les plus illustres représentants, se rattachent par leur éducation même aux traditions du paysage historique. Michallon, et après lui Aligny et Bertin dont Corot se faisait honneur d'avoir reçu les leçons, et Rémond qui eut Rousseau pour élève, n'avaient jamais cessé de peindre en Italie ou en France des études dont la sincérité contraste avec leurs compositions. Dans l'œuvre même de Corot on peut relever la trace de ce dualisme que nous avons déjà observé chez Rubens et chez Rembrandt. A côté des simples motifs que de plus en plus il recherchera aux environs de Paris ou dans l'Artois, il continuera pendant toute sa vie à peindre ces paysages composés dans lesquels, avec une évidente préoccupation de style, il ne cessera pas d'évoquer ses souvenirs de la campagne de Rome et des lacs italiens. A la suite de Rousseau, ces visées décoratives vont disparaître et avec le point de vue purement naturaliste qui s'accuse de plus en plus dans l'école, l'étude d'après nature triomphe complètement. Les paysagistes qui, au début, trouvaient dans la banlieue parisienne, à Montmartre, à Beaujon, à l'île Seguin, à Bougival et au Bas-Meudon, des coins pittoresques encore respectés, sont obligés d'étendre peu à peu le champ de leurs explorations et finissent par prendre possession de la France entière. Avec sa merveilleuse situation, celle-ci leur offre les sujets d'étude les plus variés ; du Nord au Midi, de l'Océan à la Méditerranée, des Alpes aux Pyrénées, la diversité de ses ciels, de ses terrains, de ses cours d'eau, de ses forêts, de ses cultures les sollicite tour à tour. Ce sont comme autant de contrées différentes qui ont leurs peintres attitrés. Les plus sauvages, les plus retirées les attirent de préférence, car c'est elles qui ont le mieux conservé leur caractère, c'est là qu'ils ont chance de rencontrer tes solitudes qu'ils recherchent, celles où la nature préservée des destructions de l'homme a gardé intacte sa physionomie. A propos des Landes dont on leur a parlé et qu'on leur dépeint comme un pays désolé, inabordable : « Ça doit être beau, dit Jules Dupré à Rousseau, et puisqu'on fuit ce pays, c'est là qu'il faut aller. » Et les voilà partis à l'aventure, n'épargnant ni leurs pas, ni leurs peines. Il faut vivre de pain noir, coucher sur la dure, s'accommoder de la rude existence des bergers et des sabotiers. Mais on est jeune, on aime ardemment son art et les beautés pittoresques qu'on découvre font passer sur bien des misères.

Aux difficultés de l'installation, à l'extrême frugalité de la nourriture se joignaient les farouches dispositions des habitants du pays. Ce n'est pas sans défiance qu'ils voient arriver ces étrangers, venus on ne sait d'où, on ne sait pourquoi. Leurs mystérieuses allures, leurs stations prolongées sur divers points, l'étrange emploi qu'ils font de leur temps, tout les rend suspects, et les mésaventures qui les attendent fourniraient matière à de longs récits. En 1832, au moment du choléra, Cabat et Jules Dupré séjournant dans l'Indre sont l'objet d'une étroite surveillance ; on les soupçonne d'empoisonner les sources et, un jour qu'ils se sont approchés d'une fontaine, ils sont en danger d'être écharpés tous deux. Rousseau, installé dans une pauvre auberge au col de la Faucille, est heureux de pouvoir ajouter à l'insuffisance de sa nourriture « les fraises et les framboises parfumées qu'il cueille abondamment sur ces hauteurs. » Mais ses promenades au clair de lune, ses allées et venues de chaque côté de la frontière provoquent la méfiance des douaniers et il est trop heureux de trouver un de ses compatriotes dans un sous-préfet du voisinage qui le fait relâcher. Pendant ses premiers séjours en Bretagne, Camille Bernier, qui devait plus tard être si aimé dans tout le pays, sentait attachés sur lui, pendant qu'il travaillait dans la campagne, les regards inquiets des paysans qui l'épiaient, embusqués derrière les haies et les buissons voisins. Quelques années après la guerre de 1870, un autre de mes amis, Henri Zuber, peignant une aquarelle en face des vieilles fortifications d'Antibes, aujourd'hui démolies, se vit arrêté sous la prévention d'espionnage, et comme il avait par hasard sur lui, ce jour-là, une dizaine de papiers constatant son identité, — passeport, cartes d'électeur et d'exposant au Salon, lettres à lui adressées, etc., — le gendarme, qui l'avait appréhendé, lui faisait très judicieusement observer qu'un malfaiteur seul pouvait être aussi abondamment pourvu de pièces pareilles. Il dut passer la nuit en prison et ce n'est que le lendemain matin qu'un télégramme venu de Paris ordonnait sa mise en liberté.

Les questions bizarres posées aux paysagistes et les suppositions que provoque leur travail témoignent assez des dispositions qu'excite encore aujourd'hui leur présence dans des pays restés un peu arriérés où ils sont pris tour à tour pour des agents du fisc, des géomètres attachés au cadastre, des ingénieurs chargés de l'établissement d'une route, du curage d'une rivière, etc., opérations qui pour les campagnards se traduisent toutes par des augmentations d'impôts, des taxes ou des réglementations nouvelles. Le nombre croissant des artistes et la facilité de plus en plus grande des communications a profondément modifié un pareil état de choses. Dans la France désormais mieux connue, les habitants de nos provinces les plus reculées se sont habitués à la venue des hôtes de toute sorte qu'attirent leurs beautés. Il n'est même pas rare que le paysagiste dans des coins qu'il croit encore peu connus, en quête de motifs qu'il voudrait inédits, soit accueilli par le propos décourageant de l'indigène qui, avec l'idée de l'aider dans sa recherche, lui montre la place où se sont assis ses devanciers, en lui disant : « C'est là qu'ils se mettent tous ! »

Parmi tant de contrées pittoresques offertes aux études de nos peintres, il en est qui, à raison de leur caractère plus nettement marqué, sont devenues de véritables lieux d'élection, consacrés par les œuvres qu'elles ont inspirées : la Normandie, les Landes, l'Auvergne, la Bretagne, la Provence et le Dauphiné. Entre toutes, la forêt de Fontainebleau est restée la plus célèbre dans l'histoire du paysage moderne. A portée de Paris, avec la diversité de ses aspects et la parure respectée de ses arbres archi-séculaires, elle était encore presque ignorée quand Rousseau vint s'établir à Barbizon, d'abord dans la modeste auberge où il prenait gîte pour un prix minime, encore trop élevé pour sa bourse. Dès qu'il l'avait pu, il la quittait pour louer une chaumière et, à peu de frais, il s'y faisait approprier un atelier. Il était libre de vivre à sa guise, dans une étroite intimité avec la nature. Parti dès le matin avec le *pochon* qui contenait son frugal repas, il passait ses journées entières dans la grande forêt et ne rentrait qu'à nuit close en son pauvre logis. A l'exemple de Rousseau, attirés par lui, d'autres artistes se fixaient dans les villages placés sur la lisière de la forêt. L'un d'eux même, atteint de misanthropie, obtenait de l'administration forestière la permission de se construire, dans une de ses solitudes les plus retirées, une cabane, aujourd'hui effondrée, qui, à raison de la sauvagerie du lieu, avait reçu le nom de *Hutte aux Loups*. D'autres paysagistes désireux de varier leurs stations d'étude, ont imaginé de vivre dans des voitures, sortes de *roulottes* imitées de celles des forains, pour se faire transporter au cœur de pays de leur choix et y vivre à leur gré. Mais le plus souvent ils ont dû renoncer à ces installations, à cause des embarras que leur causaient la nécessité de s'approvisionner et les soins à donner au cheval qui les traînait.

L'attrait que l'eau avait pour Daubigny était tel que, non content des stations d'étude faites par lui sur le bord des rivières et des étangs, il se décidait, âgé de plus de quarante ans, à réaliser le rêve, caressé depuis sa jeunesse, de s'établir sur un bateau aménagé en atelier flottant, le *Botin*, dont il a retracé les pérégrinations et les aventures dans une série de croquis à l'eau-forte. Avec la possibilité de conduire et d'amarrer son bateau aux bons endroits et d'aborder ainsi une série de motifs autrement inaccessibles, l'artiste avait de plus rentière latitude de peindre par tous les temps, abrité du soleil, de la pluie et du vent. Mais avec ses séductions irrésistibles, cette vie lacustre entraînait avec elle des dangers certains de fièvres et de maladies Qui devaient à la longue altérer profondément la santé de l'artiste.

Par tous les moyens, on le voit, et sur tous les points de notre territoire, les paysagistes ont poursuivi l'étude pittoresque de la France. Malheureusement, à mesure qu'ils nous révélaient ses beautés, on commençait à les détruire. Le siècle dernier, qui les a mises en lumière, en aura aussi fait disparaître un grand nombre. Une exploitation plus complète de notre sol, les défrichements de forêts, les desséchements d'étangs, la régularisation des cours d'eau et l'utilisation de leurs chutes, l'établissement des voies ferrées, la création des grandes usines avec les bouleversements de terrain et les amoncellements de scories qu'elles amènent, une foule de causes enfin ont provoqué des transformations, parfois nécessaires, toujours funestes à l'aspect des lieux où elles se sont produites. Si un mouvement louable, mais un peu trop tardif, s'est prononcé récemment en faveur de la protection de nos vieux monuments et de nos paysages, c'est une preuve concluante des actes de vandalisme et des irréparables destructions que depuis longtemps les uns et les autres ont subis. Le goût même du pittoresque y avait contribué en quelque manière. Jamais on n'a aimé la nature d'une passion si violente ; jamais on n'a parlé d'elle avec des attendrissements aussi verbeux. Le long de notre littoral, une suite ininterrompue de chalets et de villas se pressent pour se disputer la vue de la mer : peu à peu, au fond de nos vallées les plus écartées s'élèvent des constructions gigantesques, véritables casernes, insuffisantes cependant pour contenir les amateurs de beaux sites et sous prétexte d'un air plus pur, la foule grossissante des anémiés apporte, jusque sur les cimes les plus élevées de nos montagnes, une ardeur de plaisirs et de sports variés, bien faite pour développer encore leur neurasthénie.

Cependant, malgré tant de bouleversements et de ruines, en cherchant bien, le paysagiste peut encore trouver des coins tranquilles et des beautés naturelles intactes. Mais quand il les a découverts, il doit se hâter d'en jouir, car d'amères déceptions attendent celui qui, sur la foi d'anciens souvenirs, revient dans des stations dont il a déjà goûté le charme : des arbres séculaires ont été abattus, des terrains éventrés, des maisons bâties, aux endroits mêmes où il comptait planter son chevalet. Un hôtel *modern-style*, où vous n'êtes plus qu'un numéro, a remplacé l'honnête auberge où vous étiez autrefois choyé, et à la bonne cuisine campagnarde, simple, habile à faire emploi des ressources locales, ont succédé les menus ambitieux des tables d'hôte cosmopolites, avec leurs viandes équivoques et leurs sauces frelatées. Si, par hasard, l'artiste désireux d'horizons nouveaux et de pays moins profanés, mettant à profit des confidences d'amis ou les indications des cartes géographiques qu'il a appris à lire à son point de vue, arrive à découvrir des coins pittoresques encore ignorés, qu'il se hâte d'y courir ; il ne sera pas toujours prudent pour lui d'y retourner.

Section IV

Il n'est pas, croyons-nous, de travail dont le charme soit comparable à celui que goûte un paysagiste peignant en face de la nature. Quitter la ville, au printemps, alors qu'on est las de l'atelier, saturé de la vague odeur d'huile rance qu'on y respire, plus dégoûté encore des tableaux sur lesquels on a peiné pendant les obscures et courtes journées de l'hiver, et après quelques heures de voyage, se trouver loin de Paris, affranchi des corvées qu'on y laisse, au cœur d'un beau pays, en air pur, sans autre préoccupation que d'y vivre à son gré, de choisir à sa fantaisie les études auxquelles on va consacrer toutes ses heures et se donner tout entier, quel changement et quel repos ! Peu à peu, après quelques jours de cette vie saine et bienfaisante, le calme se fait en vous, et dans ce contact intime avec la nature, votre amour pour elle vous mérite ses confidences. Vous l'aviez oubliée ; vos yeux s'ouvrent de nouveau à ses beautés : elle vous apparaît toujours vivante. Autour de vous, tout en elle vous intéresse, tout vous captive. Vous *voyez beau*, et les journées s'écoulent désormais pareilles, remplies par les contemplations actives de l'étude.

Que de douces heures se passeront ainsi fécondes en jouissances et en spectacles imprévus ! Immobile et silencieux, au cours de ces bonnes séances de travail, vous faites vous-même partie du paysage. Vous vous familiarisez avec les bruits mystérieux qui s'élèvent autour de vous : les pins dont le murmure continu rappelle celui des vagues de la mer ; les coups secs et rythmés du pic martelant sans relâche les vieilles écorces ; la couleuvre qui glisse sournoisement entre les bruyères ; la galopade brutale d'une harde de sangliers brisant tout sur leur passage ; au coucher du soleil, les croassements des corbeaux affairés autour des cimes des grands arbres, en quête d'un gîte pour la nuit ; au milieu du calme du soir, les sauvages bramements du cerf appelant sa femelle. Après vous avoir patiemment observé, les animaux, même les plus soupçonneux, s'habituent à votre présence, ils sentent en vous un ami, et s'enhardissent autour de vous. Au bord de la rivière, la fauvette de roseaux, d'abord craintive, se décide à regagner sous vos yeux son joli nid, chef-d'œuvre de fragile et intelligente architecture, et le martin-pêcheur, étincelant comme une pierre précieuse, rase près de vous, avec un sifflet aigu, la nappe d'eau tranquille, happant au passage le petit poisson qui frétillait à la surface. Dans la haie à laquelle vous êtes adossé, le roitelet narquois rôde à portée de votre main, parmi le fouillis d'épines ; plus hardi encore et plus confiant, le rouge-gorge se campe en face de vous et vous interroge curieusement de son petit œil, brillant et malin. Pendant toute une après-midi d'été, dans les Vosges, un grand lézard vert plaqué contre un rocher, au-dessus de ma tête, étalait en plein soleil son corps d'émeraude, haletant, béat, comme enivré de chaleur.

Les retraites de la forêt recèlent, dans leurs profondeurs, des hôtes nombreux et variés que, bien posté, vous voyez défiler devant vous. C'est un honnête ménage d'écureuils, agiles et si légers qu'ils courbent à peine les branches les plus frêles : une faîne ou une noisette à la bouche, ils reviennent de la provision et tardivement surpris de vous apercevoir, vexé de votre présence, le couple vous gourmande avec des gloussements de reproche et des gestes indignés. Parfois, au loin, des pas, des froissements de branches mortes ou de feuilles sèches, se rapprochent peu à peu et vous entrevoyez à travers les taillis des formes rousses et mouvantes ; ne bougez pas ; retenez votre souffle et vous verrez apparaître quelque cerf qui vient de se désaltérer à la mare voisine ; ou une chevrette avec son faon, la mère toujours un peu anxieuse, ne vous quittant pas du regard, le petit gambadant étourdi, jusqu'à ce que, décidément mis en méfiance, tous deux par un brusque bondissement se dérobent à votre vue.

Sans doute, ces incidents sont bien menus et ceux qui ne regardent pas la nature n'en sauraient comprendre le charme. Mais voir ainsi dans leur vrai cadre et surprendre dans leurs attitudes familières ces gracieuses créatures, ce sont là des impressions dont les paysagistes, témoins de pareilles scènes, connaissent tout le prix et qui restent profondément gravées dans leur souvenir. Involontairement, la confiance de ces bêtes innocentes dans l'homme, qu'elles n'ont que trop de raisons de considérer comme leur ennemi, fait rêver à ces temps légendaires où, le mal n'existant pas, un accord affectueux unissait tous les êtres ; où, dans l'immensité de ses grands aspects aussi bien que dans l'harmonie des plus petites choses, tout proclamait la beauté de l'univers.

Mais si l'étude dans la campagne est attachante, elle ne laisse pas d'être compliquée. Vous voici installé sur la petite sellette du paysagiste et avec sa prodigalité indifférente, la nature déploie devant vous la richesse infinie de ses détails. Ne pouvant les rendre tous, lesquels choisirez-vous ? Lesquels doivent être négligés ou subordonnés, et quels autres doivent dominer ? Les aspects qui s'offrent à vous sont d'ailleurs mobiles et fugitifs. Même avec la sérénité d'un ciel pur, les progrès ou la décroissance de la lumière amènent dans l'éclairage d'un motif des différences qui en modifient graduellement le caractère. Avec une atmosphère plus variable, ces changements sont plus brusques encore et plus accusés. Le nuage qui se forme ou qui se dissipe, qui passe ou s'arrête, fait et défait à chaque instant sous vos yeux autant de tableaux différents, presque insaisissables, ayant chacun leur intérêt propre, plus ou moins marqué. Dans cette succession d'effets auquel vous arrêter ? Quels traits essentiels convient-il de noter au passage ? Comment, à travers cette mobilité incessante, fixer et maintenir l'unité nécessaire à votre œuvre ?

Ces problèmes et bien d'autres encore qui se présentent. à vous, au cours de votre étude, sont nombreux et difficiles : chacun les résout suivant son tempérament, ses aptitudes et l'expérience qu'il a acquise. A cette diversité infinie des aspects de la nature correspond d'ailleurs, en une certaine mesure, celle des interprétations que nous en ont données les maîtres, et Constable a justement signalé cette corrélation. « On ne voit jamais, disait-il, deux jours, ni même deux heures tout à fait semblables, et jamais, depuis la création, il ne s'est rencontré sur un même arbre deux feuilles qui fussent de tout point identiques. Les œuvres d'art doivent donc être aussi très variées, très différentes les unes des autres. » Mettez en face d'un même motif vingt paysagistes et supposez-les tous également sincères et à peu près aussi habiles, ils vous donneront de ce motif vingt images très différentes. Tel en aura recherché les grandes masses, tel autre les détails ; celui-ci visera la richesse des colorations, celui-là leur sobriété. Les effets de lumière modérés ou leurs contrastes violents, le caractère de grâce ou de force, la beauté des silhouettes ou la puissance du modelé, bien d'autres visées encore, auront préoccupé ces divers artistes, ou même chacun d'eux suivant ses dispositions présentes. Avec Fromentin il ne faut pas se lasser de le redire : « L'art de peindre est peut-être plus indiscret qu'aucun autre. C'est le témoignage indubitable de l'état moral du peintre au moment où il tenait la brosse. » Son œuvre est transparente et en même temps qu'il traduit à sa façon le coin de nature qu'il a sous les yeux, il se découvre lui-même et donne, à qui sait voir, l'idée non seulement de son talent, mais de sa volonté, de son goût, de la tournure de son esprit.

A travers cette diversité extrême des interprétations, bien des traits communs se retrouvent chez les artistes d'un même pays et d'un même temps. Tout d'abord, nous l'avons vu, le choix des motifs a singulièrement varié, suivant les écoles et suivant les époques. Au début, les plus compliqués semblent seuls mériter qu'on les représente ; puis, avec l'avènement du paysage intime, disparaissent les détails étranges et les vastes panoramas. Les contrées renommées auparavant comme les plus pittoresques sont alors délaissées pour celles dont une sorte de logique et d'harmonie préétablies déterminent le caractère. Aujourd'hui, les paysagistes jouissent d'une liberté absolue et même, en ces derniers temps, par une réaction instinctive contre les anciennes traditions, la vogue s'est portée vers les motifs d'une simplicité enfantine : une route ou un canal, avec des arbres symétriquement plantés sur leurs bords, un pont, des toits, des meules alignées le long de sillons dépouillés.

Un vrai peintre peut encore tirer parti de données aussi élémentaires, s'il en relève l'humilité par le talent qu'il y sait mettre : Cazin l'a surabondamment prouvé. Mais trop souvent, les œuvres de ce genre, prônées à grand fracas et recommandées à l'admiration lu public, ne donnent même pas une idée bien nette des objets qui y sont représentés. Dans une des chapelles les plus courues, ouvertes au culte de l'art nouveau, j'entendais un de ses panégyristes les plus qualifiés s'extasier hautement sur ce qu'il prenait pour une avenue de peupliers éclairés par les derniers rayons du soleil, alors que, suivant l'indication formelle du catalogue, il s'agissait d'une enfilade de monuments et de tours échelonnés le long d'un fleuve. Si la peinture n'est pas seulement l'imitation, elle exige du moins

Section IV

un minimum de réalité tel que le spectateur ne soit pas exposé à de pareilles méprises. Remarquons, à ce propos, qu'il n'y a pas trop à s'étonner de la rareté des photographies faites d'après les tableaux de certains artistes cependant très réputés. L'insignifiance de ces reproductions, privées du charme de la couleur, est déconcertante, et leur aspect reste parfois si énigmatique qu'il est très positivement difficile de trouver le sens où il convient de les regarder. Ces aberrations d'ailleurs ne sont point particulières à la peinture : la musique, la poésie les ont également subies. Pensez à ces morceaux symphoniques ultra-modernes qui, réduits au piano et n'ayant plus le soutien du timbre varié des instruments, montrent à nu la pauvreté, ou même l'absence totale des idées ; ou à ces vers de rythmes douteux dont il est impossible de découvrir le sens, tous les mots ayant une couleur, une sonorité, et même une saveur, mais n'ayant eux-mêmes aucune signification. Entre toutes ces débilités dont l'impuissance intransigeante égale les prétentions, il s'est fondé un syndicat d'admirations mutuelles, fondées sur de trop regrettables similitudes.

En ceci, comme en toutes choses, il y a une question de mesure. Corot nous a montré tout ce qu'un artiste tel que lui pouvait mettre de poésie jusque dans les motifs les plus humbles. La liberté du paysagiste demeure donc complète ; mais, après avoir secoué le joug de traditions qu'avaient consacrées les maîtres, il ne doit pas abdiquer son indépendance pour se conformer aveuglément aux bizarreries et aux vulgarités de la mode. Qu'il garde donc entière sa sincérité en face de la nature ; le domaine de celle-ci est infini et il y aura toujours des découvertes à y faire : si tout a déjà été dit, tout cependant reste encore à dire.

Que de fois le peintre a pu s'en convaincre lui-même dans les lieux qu'il croyait le mieux connaître ! Dans cette station d'étude dont il pensait avoir épuisé les ressources pittoresques, tel coin, où il était passé et repassé indifférent, ne lui apparaît-il pas, à certains jours, sous certaine lumière, transfiguré, paré d'une grandeur ou d'une grâce qu'il n'aurait jamais soupçonnées ? Nous dirons plus : sans se priver des explorations qui peuvent le tenter, il convient que le paysagiste ait toujours, au milieu d'un pays de son choix, un lieu de retraite, pratiqué par lui depuis longtemps, où il aime à revenir. N'ayant plus à satisfaire cette curiosité inquiète qui J'agite en des localités nouvelles, il s'attachera à pénétrer le caractère intime de ce pays d'élection et, sans se disperser en aperçus sommaires, il en cherchera les traits expressifs, ceux qui font les images vivantes et durables et les gravent fortement dans le souvenir. Presque tous les maîtres ont agi ainsi et leurs noms sont inséparables de ceux des contrées qu'ils ont illustrées par leurs œuvres. C'est la campagne romaine pour Poussin et Claude ; Harlem et ses environs pour Ruisdaël, Dordrecht pour Cuyp, la vallée du Stour pour Constable, la forêt de Fontainebleau pour Rousseau et Millet, les bords de l'Oise pour Daubigny, etc. Avec le temps, tous ces maîtres s'étant de plus en plus attachés à ces lieux où ils ont vécu, en ont exprimé plus profondément le charme et la beauté souveraine. La diversité des procédés techniques employés par eux, — aquarelle, pastel, huile, plume et crayon, — leur fournissait d'ailleurs les moyens d'en étudier successivement tous les aspects. Chacun de ces procédés ayant sa valeur propre, il leur était possible de tirer de chacun d'eux un enseignement spécial. A côté des études méthodiquement suivies et poussées à fond, les simples croquis, les pochades rapidement enlevées ont aussi leur utilité puisque seules elles permettent de saisir au passage les effets les plus fugitifs. Pour ces effets mêmes, certains artistes, Delacroix et Corot, par exemple, avaient imaginé des modes de notation sommaires et tout à fait personnels, à l'aide de chiffres ou de signes conventionnels adoptés par eux.

Animée et fécondée par la diversité de ces travaux, la tâche du paysagiste est singulièrement attrayante. Ce serait une erreur de croire qu'elle n'a pas aussi ses dangers. Les heures les plus belles, celles du matin et du soir, sont souvent aussi les plus périlleuses. Pour aller trouver son motif, il faut parfois, sous le soleil, avec la charge de son attirail, parcourir d'assez longues distances, sur une route poussiéreuse et aveuglante. Installé sur un siège exigu, le paysagiste reste exposé à la chaleur du jour, aux averses imprévues, à toutes les moiteurs de l'atmosphère, au froid qui le pénètre et roidit à ce point ses doigts que, lorsqu'il se décide à quitter la partie, il est incapable de boucler une courroie ou d'assujettir son vêtement. Aux imprudences de la jeunesse qui se paient largement avec l'âge, s'ajoutent l'incommodité des gîtes, les auberges de propreté équivoque avec le voisinage du cabaret attenant où, sinon chaque jour, tout au moins le dimanche, les disputes, les chants, les vociférations des ivrognes troublent votre repos fort avant dans la nuit. Joignez-y les longues réclusions causées par des pluies incessantes où par ces températures implacables pendant lesquelles la végétation elle-même, flétrie et brûlée, semble demander grâce. Mais vienne une saison plus clémente et, avec la possibilité de reprendre le travail, tous ces ennuis sont bien vite oubliés. On a dit qu'il n'était guère de préoccupation qu'une heure de bonne lecture ne parvînt à dissiper ; combien les diversions que procure l'étude d'après nature sont plus salutaires encore et plus efficaces ! Elles exigent de vous une participation plus active ; en sollicitant toute votre attention, elles vous obligent à sortir de vous-même et arrivent à vous absorber complètement.

La meilleure preuve de cette action salutaire de la nature c'est l'attachement passionné qu'elle a inspiré à tous les grands paysagistes. Dans l'intervalle d'un court répit de la maladie qui devait l'emporter, Rousseau voulait revoir « sa chère forêt. » Au cours d'une dernière promenade en voiture, il s'était fait conduire aux beaux endroits ; il s'attendrissait en revoyant les bruyères fleuries et les vieux chênes « qu'il avait tous dessinés depuis trente ans et dont il avait les portraits dans ses cartons. » Le bon Corot, à son lit de mort, se louait de sa vie, se montrait plein de reconnaissance des pures jouissances que lui avaient values « son amour de la nature, de la peinture et du travail. » Et l'ami, à qui, en même temps que ses adieux, il adressait ces suprêmes confidences, Français, repassant lui-même, quelques années après, toute sa carrière, écrivait à Edouard Charton dans une de ses dernières lettres : « Ceux qui aiment la nature et qui s'exercent à la comprendre et à l'approfondir trouvent la récompense de leurs efforts, tout au moins en eux-mêmes… Si j'étais à recommencer ma vie, je me ferais encore peintre de paysage. »

Section V

Le lot des paysagistes serait trop beau s'ils n'avaient à faire que des études d'après nature ; par malheur, ils doivent aussi faire des tableaux.

Entre ces deux tâches, il est vrai, la délimitation n'est pas très nette et de notre temps surtout une extrême confusion s'est produite à cet égard. Le plus souvent, en effet, les paysages qui figurent à nos expositions ne sont que des copies, grandies ou à peine modifiées, d'études exécutées d'après nature, quand ce ne sont pas ces études elles-mêmes. On comprend d'ailleurs qu'une fois entrées dans les habitudes, ces pratiques se soient rapidement développées, jusqu'à devenir tout à fait exclusives. Dans le commerce assidu que les paysagistes doivent entretenir avec la nature, tout en elle leur paraît si beau, qu'à la prendre ainsi pour soutien continuel, ils arrivent bientôt à ne plus pouvoir se passer d'elle. La continuité d'un travail aussi attrayant n'excluant pas une certaine paresse d'esprit, ils ne s'aperçoivent même pas qu'ils en sont venus à considérer comme un but et une fin ce qui, pour leurs devanciers, n'avait été qu'un moyen. En rentrant à l'atelier, livrés à leurs seules ressources, ils sentent, avec l'effacement graduel de leurs impressions et de leurs souvenirs, une incapacité croissante à faire des tableaux. Ceux qui s'y appliquent encore deviennent de plus en plus rares : leur tâche est ingrate et elle n'est pas encouragée par l'opinion.

Et cependant le tableau doit avoir ses qualités propres, sinon supérieures à celles de l'étude d'après nature, tout au moins différentes. Si cette étude est restée isolée, elle ne répond pas à son objet ; elle est incomplète. Il faut qu'elle ait un lien avec celles qui l'ont précédée, avec celles qui la suivront ; que toutes contribuent à développer chez le paysagiste la mémoire, l'esprit d'observation, le goût et le sens des ensembles, cette faculté de dégager d'accidents particuliers et d'indications fragmentaires quelques lois d'ordre plus général qui constituent la science complexe du dessin, des valeurs, des effets, des harmonies, en un mot de tous les éléments de l'art de peindre mis en œuvre dans l'exécution d'un tableau.

Il est certain que les recettes et les vieilles formules ont fini leur temps ; que les anciens procédés de composition, les coulisses complaisantes et les repoussoirs, le balancement trop rythmé des lignes et des masses ne sont plus de mise. Mais les conventions qui les ont remplacées valent-elles mieux ? Pour avoir, autrefois, un peu trop cherché l'ordre, la pondération, abusé de la littérature, exclu au nom du goût certaines réalités comme trop familières, n'avons-nous pas versé dans la confusion, l'absence de toute discipline, la gaucherie ou l'extrême vulgarité, les symétries ou les incohérences également puériles ?

La recherche du tableau avait du bon : elle supposait une préparation, un dessein mûri, le choix et l'accord des divers éléments qui devaient entrer dans L'œuvre projetée, leur subordination en vue d'une impression dont il fallait assurer la clarté et la force. En dépit des affirmations de l'ignorance, tout cela est nécessaire pour la création de l'œuvre d'art ; mais à la condition que l'effort indispensable pour acquérir ces qualités demeure absolument caché.

L'obligation de faire à tout prix du nouveau, et par conséquent de ne ressembler en rien au passé, complique singulièrement à notre époque la tâche du paysagiste. Mais là encore une étude attentive et intelligente de la nature peut l'éclairer et le guider. S'il n'est guère de contrées, si insignifiantes qu'elles paraissent, où il ne trouve à s'intéresser, à se prendre à quelque chose, — la lumière les éclaire toutes, et au-dessus de toutes il y a le ciel, — il est cependant permis d'affirmer qu'il goûtera davantage celles qui semblent manifester une logique et une harmonie qui les recommandent à son attention. A certaines heures, en certaines saisons, un concours particulier de circonstances favorables peut encore ajouter un charme imprévu à l'aspect de ces contrées. On dirait alors que tous les détails ont été choisis pour donner à de pareils spectacles ce cachet d'unité et de beauté supérieures qui les grave d'une manière ineffaçable dans notre souvenir.

L'artiste digne de ce nom doit, par son travail et par la conduite de toute sa vie, se maintenir en état de profiter des enseignements que lui fournit la nature en de tels moments. C'est souvent notre faute si ces occasions de nous instruire sont pour nous trop rares et trop courtes, si elles ne produisent pas sur nous une action plus durable. Sur ce point encore, Corot nous servirait, au besoin, d'exemple. Son âme exquise avait été dès ses débuts et devait rester toute sa vie ouverte à tous les nobles sentiments. Sa constante sérénité et la joie qu'il avait de produire faisaient l'étonnement et l'envie d'Eugène Delacroix qui, toujours ardent, et troublé, ne pouvait secouer les tourments et les inquiétudes fiévreuses que lui causait la pratique de son art. A la suite d'une visite faite à l'atelier de Corot, il écrivait dans son journal : « Il m'a dit d'aller devant moi, en me livrant à ce qui viendrait. C'est ainsi qu'il fait la plupart du temps, et il n'admet pas qu'on puisse faire beau en se donnant de la peine. » Il s'en était pourtant beaucoup donné et il avait traversé des périodes difficiles. Mais de bonne heure il avait discerné sa voie et il l'avait suivie sans hésitations. Portant son attention sur toutes tes parties de son art, ne se lassant pas d'étudier, il avait mérité de conserver jusque dans sa vieillesse le charme d'ingénuité et de poésie qui rayonne dans toutes ses œuvres. Ses tableaux avaient toute la saveur d'études faites d'après nature et ses études toute l'autorité de tableaux composés à loisir. Corot, cependant, ne se croyait pas un novateur ; il ne visait pas à faire une révolution. A tous ses mérites il joignait une délicieuse modestie. Il se plaisait à répéter combien il devait aux enseignements purement académiques de Michallon, d'Edouard Bertin et d'Aligny, et il se montra toujours reconnaissant de leurs conseils. Ce n'est pas lui qui eût songé à faire table rase du passé ; à croire qu'après tant de maîtres et de chefs-d'œuvre produits par eux, il convînt de recommencer à ses risques l'histoire de la peinture, et, sous prétexte de naïveté, de retourner à ses premiers tâtonnements. De son temps, les artistes acceptaient encore l'obligation d'un apprentissage ; ils respectaient leurs maîtres, tout en apprenant graduellement à se passer d'eux et à trouver dans l'étude de la nature le complément d'instruction que seule elle pouvait leur donner. Sans accepter aveuglément les traditions du passé, ils estimaient qu'il y en a de nécessaires, parce qu'elles tiennent aux principes et aux racines mêmes de leur art. Ils pensaient que le dessin est l'élément essentiel de cet art, le support indispensable de la couleur et qu'on ne saurait jamais assez dessiner ; que l'exécution, parce qu'elle est de très près liée au dessin, peut ou amoindrir une œuvre, ou la faire puissamment valoir ; qu'il ne faut aucunement confondre avec l'exécution cette virtuosité banale qui n'est qu'une vaine parade ; tandis qu'en réalité, si elle est en rapport avec le caractère du sujet, l'exécution ajoute à son expression et lui communique quelque chose de la diversité et de la vie même de la nature.

En dépit de ses incohérences et de ses pauvretés, l'art prétendu moderne affiche les plus étranges prétentions. Nous avons dit de quelle simplicité il se contente dans le choix des motifs de ses paysages. Ses ambitions, du reste, ne sont pas plus hautes dans la peinture de genre et l'on ne saurait s'intéresser beaucoup au personnel plus que suspect de créatures dégradées, déformées, qu'il nous montre dans les déshabillés les plus provocants et les poses les plus risquées, parmi les bars, les fêtes foraines, les bals publics et les lieux moins avouables encore où il se complaît. Jamais d'ailleurs on n'a autant parlé de la mission sociale de l'art et du rôle qu'il doit jouer dans l'éducation populaire. A moins que la laideur habituelle et les allures grossières de tout ce joli monde ne visent à en inspirer le dégoût, il est difficile de comprendre la satisfaction qu'on trouve et l'insistance qu'on met à nous infliger d'aussi plates turpitudes, à placer incessamment sous nos yeux, dans leur affligeante nudité, ces dames avachies qui vaquent aux soins les plus secrets de leur toilette. Nous pensons que, sans en contester la modernité, il n'y a pas lieu d'être fiers de pareilles trouvailles. Des critiques d'*avant-garde*, comme ils s'appellent, se sont faits les apôtres de ces doctrines équivoques et nous tiennent au courant de leurs merveilleuses découvertes. A grand renfort de néologismes, d'adjectifs rares et d'hyperboles fantaisistes, ils ne se lassent pas de nous annoncer chaque jour l'avènement de quelque maître ignoré, qu'un autre détrônera le lendemain. Jamais, à les en croire, aucune époque, aucune école n'aura vu une si abondante éclosion de chefs-d'œuvre et, depuis que le génie court ainsi les rues, il se trouve que les talents se font de plus en plus rares. Suivant eux, les admirations anciennes sont des superstitions qu'il faut secouer, et, comme pour les renier avec plus d'éclat, ils les remplacent par des fétiches, qui, une fois adoptés par l'opinion, deviennent sacrés et peuvent tout se permettre. Quoi qu'ils fassent, ceux-ci sont intangibles et leurs fantaisies les plus ridicules trouvent des panégyristes empressés. « Arrêtez-vous, leur crie-t-on de toutes parts, dès les premiers linéaments de chacune de leurs œuvres ; ne compromettez pas la sublimité de cette ébauche, la grâce irrésistible de ces indications sommaires ! » Et, vous le savez assez, ceux qu'on adjure ainsi n'ont garde de résister à de si flatteuses instances. Dans la coulisse, d'ailleurs, des marchands avisés donnent la note à ceux qui conduisent le chœur triomphal et la foule toujours croissante des snobs emboîte le pas avec sa docilité moutonnière, raffinant, épiloguant, se flattant de tout comprendre, même lorsqu'il n'y a rien, distinguant nettement ce qui échappait au vulgaire, même lorsqu'on a oublié d'allumer la lanterne. Ainsi que les admirations, les dédains de ces dilettantes sont faits d'ignorance, et, comme ils ne regardent pas plus la nature qu'ils ne connaissent l'art du passé, leur incompétence universelle autorise chez eux ces affirmations tranchantes dont ils sont coutumiers, sans qu'ils s'aperçoivent des démentis qu'à chaque instant ils se donnent à eux-mêmes.

La paresse des jeunes gens et leur désir d'arriver s'autorisant de pareilles complicités, ils s'improvisent peintres à l'âge où ils devraient apprendre leur métier, et, pour conserver leur précieuse individualité, ils négligent d'acquérir par des études désintéressées cette instruction professionnelle que plus tard ils seront incapables de se donner. Aussi le nombre des artistes va toujours croissant et les moyens de se distinguer deviennent aussi toujours plus difficiles. Pour qu'on puisse s'y reconnaître, les groupements établis entre eux reçoivent les dénominations les plus variées : intimistes, pointillistes, orientalistes, coloniaux, peintres de la mer, de la montagne ou de la plaine, intransigeants, indépendants, gens du monde des deux sexes, employés des chemins de fer ou des diverses administrations, etc., ils trouvent tous où montrer leurs œuvres. Du commencement de l'automne jusqu'après la fin du printemps, les expositions se succèdent ou se juxtaposent incessamment, dans les deux palais et les serres des Champs-Elysées. A côté des deux ou trois salons réglementaires, l'horticulture, les chiens, les animaux gras, l'automobilisme ont leurs salons particuliers, sans parler des cercles et des innombrables locaux où, à grand renfort de réclames, les marchands de tableaux ne se lassent pas de vous convier. Involontairement on se demande où vont toutes ces œuvres ? de quoi vivent leurs auteurs ? Questions sans doute indiscrètes et qu'il est prudent de laisser sans réponse.

Dans ces exhibitions multiples, certains artistes, tout fiers de leur liberté et comptant sur leurs seules forces, se présentent au public, isolés ou associés entre eux par des tendances ou des goûts communs. A l'exemple de ces parvenus qui éprouvent le besoin de se donner des ancêtres, vous en voyez d'autres qui dans l'histoire se cherchent et se trouvent des patrons, dont ils se prétendent les continuateurs ou les héritiers. Certain Salon d'automne, — qui a laissé dans l'esprit des visiteurs des souvenirs d'une jovialité ou d'une tristesse également justifiées, — fut placé sous l'invocation d'Ingres, hommage dont le maître, qui en était l'objet, aurait été aussi surpris qu'irrité. Ces rapprochements, où l'audace le dispute à l'ignorance, sont devenus d'usage courant chez certains critiques : un peintre qui n'a jamais manifesté le moindre souci de la composition dérive directement de Poussin ; tel autre, connu par l'épaisse lourdeur de sa facture, n'a rien à envier à la suprême élégance de Watteau. Ces contre-vérités trop ingénieuses, indéfiniment répétées, peuvent à la longue rencontrer quelque crédit. On s'habitue à entendre dire périodiquement que la lumière, le plein-air, le clair-obscur et l'harmonie des colorations viennent d'être découverts, alors que Titien, Claude, Rubens ? Rembrandt, Velazquez et bien d'autres les ont cependant pratiqués, non sans quelque distinction. Il est vrai que chez ces grands artistes, telle qualité, si elle dominait, n'excluait cependant pas d'autres qualités qui, pour être moins brillantes, coexistaient cependant. Nous avons changé tout cela : aujourd'hui une qualité n'est reconnue qu'à la condition d'annihiler toutes les autres, et, par une tactique que l'on croit habile, mais dont on a certainement trop abusé, on érige en mérites les défauts les plus évidents. Une œuvre est d'autant plus poétique, plus expressive qu'elle reste plus flottante, plus vague, la collaboration du public devant, dans la plus large mesure, suppléer à ce qui lui manque. Le mysticisme et le symbolisme d'ailleurs sont venus fort à point pour légitimer toutes les incorrections du dessin, toutes les crudités ou les indigences de la couleur. Quant à l'exécution, c'est bien pis encore, et dans les paysages les plus impressionnistes l'intransigeance de leurs auteurs se donne librement carrière. Aux yeux de certaines gens, une exécution à peu près correcte est la marque la plus honteuse du *vieux jeu*, une tare absolument méprisable. C'est dans l'exécution qu'apparaissent avec le plus d'éclat toutes les nouveautés de l'art ultra-moderne : touche en hachures ; en zigzags, en virgules, en petits carrés, en petits ronds, en pointillages irisés, empâtés, et non fondus, afin, nous dit-on, d'agir plus fortement sur la rétine. Même sans professer un respect superstitieux de l'exécution, il est permis de croire qu'elle n'est pas indifférente dans les œuvres d'art. Les Hollandais l'ont assez victorieusement démontré, et si les tremblements ou les brusqueries de Rembrandt dans ses dessins, et de Millet dans toutes ses œuvres, nous ont appris que des pierres précieuses peuvent être à demi cachées dans la gangue où ils les ont laissées, encore fallait-il qu'elles s'y trouvassent. Si l'on ne veut pas que nous nous arrêtions à certaines factures, qu'on n'attire pas sur elles notre attention par leur insuffisance trop notoire. Les fautes d'orthographe n'ont jamais passé pour des témoignages d'originalité, mais bien pour des marques positives d'ignorance. Avec les constatations formelles qu'on y trouve, l'histoire et les musées attestent nettement que les plus grands maîtres sont aussi ceux qui ont excellemment possédé la technique de leur art ; qu'avant d'avoir tout leur génie, ils ont commencé par avoir plus de talent que leurs contemporains, et que, sentant qu'ils avaient quelque chose à dire, ils n'ont pas voulu être arrêtés à chaque instant par les lacunes de leur instruction professionnelle. Mais on n'a que faire des enseignements que peuvent nous procurer les maîtres du passé : c'est un poids mort, encombrant, inutile à traîner. De moins en moins on les étudiera : on n'a plus de temps à perdre pour comprendre et admirer des chefs-d'œuvre qui sont comme la condamnation vivante de l'art d'aujourd'hui, un reproche pour ceux qui le pratiquent ou qui le prônent. Les ignorer est déjà une force, en attendant que les dénigrer devienne un mérite. Ces vieux sont bien fades et trop équilibrés pour nous. Laissons-les donc et soyons modernes : l'art date d'aujourd'hui.

Il est un peu humiliant d'avoir à faire de pareilles constatations dans ce pays de France naguère réputé pour son goût, pour l'ordre et ! a clarté des idées et l'on n'est pas moins écœuré de voir que le ridicule, qui autrefois tuait les gens, est devenu pour beaucoup une profession, un moyen de se faire connaître et de parvenir. Nous conviendrons volontiers que, si regrettables que soient chez nous ces erreurs, elles aboutissent à des résultats plus monstrueux encore à l'étranger, toujours empressé à nous imiter… mais seulement pour les choses de luxe. On commence d'ailleurs à s'habituer à des travers dont l'exagération même finit par provoquer l'indifférence et qui ne soulèvent plus ni colère, ni surprise, le public parisien ne s'étonnant plus et ne s'irritant plus de grand'chose. Dans l'existence agitée, haletante qui lui est faite, il n'a guère le temps de s'arrêter, et, si quelque velléité lui prenait de regarder une œuvre de plus près, il s'apercevrait bien vite que le plus souvent elle s'est révélée à lui tout entière, dès le premier coup d'œil, et qu'un plus long examen n'aurait pour effet que de lui en découvrir les défauts. Les artistes, en somme, auraient mauvaise grâce à se plaindre d'un état d'esprit qu'ils ont eux-mêmes créé. On les a trop gâtés, trop choyés ; ils sont trop nombreux ; ils produisent trop et trop vite. Au lieu d'être une aristocratie, l'art, comme la littérature, comme la politique, a été envahi par la rue : il a le public qu'il mérite.

Et cependant, à côté de ces manifestations tapageuses et discordantes, il y a encore des artistes qui vivent dans leur coin, étrangers aux intrigues, appliqués à leur travail. Il semble qu'il leur faille quelque courage pour résister au courant qui entraîne tant de leurs confrères. En réalité, ils ont choisi la meilleure part. D'ailleurs, eux aussi ils ont leur public, moins bruyant et moins capricieux. S'il n'est guère de gageure, si audacieuse qu'on la suppose, qui aujourd'hui ne puisse être soutenue, à force de réclames, par certains critiques, il convient d'ajouter que rien de bon, non plus, ne se perd. C'est des amis inconnus qu'ils ont mérités, et dont les sympathies viennent spontanément les chercher, c'est de ceux de leurs confrères qui comprennent comme eux la dignité de l'art, qu'ils recevront de précieux encouragements. Les meilleurs, ils les trouveront en eux-mêmes, et pour en revenir à nos paysagistes, ceux qui seront restés constamment fidèles aux enseignements de la nature ne cesseront pas de découvrir en elle des beautés nouvelles ; ils profiteront de plus en plus de son étude. Ils ne sont maîtres ni des distinctions officielles, ni des ventes fructueuses ; ils le sont de la direction de leur vie. Si le succès leur arrive, ils ne se laisseront pas griser par lui ; ils ne lui sacrifieront jamais cette entière sincérité dont aucun avantage extérieur ne peut remplacer l'intime contentement. La nature, à l'étude de laquelle ils se sont voués, ne saurait les tromper, et en dépit des chefs-d'œuvre qu'elle a déjà inspirés, il n'est pas à craindre que la source à laquelle on a tant puisé soit jamais tarie : elle seule est pure, elle seule est inépuisable.

ISBN : 978-1981572038

www.ingramcontent.com/pod-product-compliance
Lightning Source LLC
Chambersburg PA
CBHW070930220526
45468CB00005B/1723